AF562977

ORAISON FUNÈBRE

DE

MONSIEUR L'ABBÉ

JOSEPH-MARIE HUARD

VICAIRE GÉNÉRAL

De Mgr l'Évêque de St-Brieuc et Tréguier

DÉCÉDÉ A NAPOLÉONVILLE

Le 23 Juin 1870, en la 39e année de son âge

PRONONCÉE AUX OBSÈQUES SOLENNELLES

Dans l'Église de N.-D. de Rostrenen

PAR M. L'ABBÉ LE GRAËT

CHANOINE HONORAIRE

Supérieur du Petit-Séminaire de Plouguernével

LE 25 JUIN 1870

1871

Consummatus in brevi explevit tempora multa.

Ayant peu vécu, il a rempli la course d'une longue vie.

SAP. c. IV, v. 13.

MES FRÈRES,

Quand la mort frappe des victimes vulgaires, elle inspire encore de l'horreur ; mais quand on voit tomber sous ses coups quelqu'un de ces hommes de grande science et de grande sagesse, de ces hommes sur qui reposaient les plus belles espérances et qui les justifiaient par de si hautes qualités, quelqu'un de ces hommes déjà puissants en œuvres et en parole, au front desquels rayonne la double palme du talent et de la vertu ; quand vient à s'éteindre une de ces vies si précieuses à l'Eglise dont elles sont l'ornement et l'appui ; alors il se fait partout comme un frémissement involontaire, un nuage de tristesse enveloppe tous les esprits, et les plus indifférents eux-mêmes ne peuvent s'empêcher de prendre quelque part à la douleur commune. N'est-ce pas là ce que nous voyons aujourd'hui ? Ne sont-ce pas là les sentiments dont nous sommes pénétrés à la vue de ce cercueil qui renferme la dépouille mortelle du prêtre éminent que nous pleurons ? Les qualités de l'esprit et du cœur, ces dons du ciel les plus précieux, qui font toute la grandeur et la gloire de l'homme, lui furent départies, non pas avec mesure, mais avec profusion. C'était une de ces natures d'élite, une de ces intelligences privilégiées qui semblaient prédestinées à jeter un vif éclat dans l'Eglise et dans le monde, et appelées à exercer la plus salutaire influence sur la génération qui les vit naître. Son mérite l'avait élevé bien jeune encore aux dignités les plus hautes du diocèse, et tout le monde, lui excepté, pressentait l'avenir plus ou moins rapproché où... pourquoi ne le dirais-je pas ? je ne serai que l'écho de la voix publique..... où il pouvait être appelé à recevoir le complément du sacerdoce et à briller parmi les princes de l'Eglise.

Pour combler l'attente générale, il ne lui fallait qu'un peu de temps. Eh bien ! ô misère ! ô néant de tout ce qui touche au côté périssable de notre pauvre nature ! voilà l'homme que la mort a subitement frappé au cœur au moment où, dans la maturité de la vertu et du talent, il pouvait rendre les plus grands services au diocèse et à l'Eglise ! Mon Dieu ! nous ne pouvons vous demander compte de ce que vous faites, car vos pensées et vos jugements ne sont pas les pensées et les jugements des hommes. Mais vous venez de frapper sur le diocèse de Saint-Brieuc un coup terrible, et la blessure sera douloureuse et profonde. Vous nous laissez en face d'un de ces événements qui se perdent dans les abîmes impénétrables de vos jugements.

Pour moi, mes Frères, au milieu de ce deuil public, abîmé dans ma propre douleur, c'est à peine si je puis trouver dans le sentiment d'une vieille amitié que le temps n'a fait qu'accroitre et qui sera plus forte que la mort, le courage de vous adresser quelques paroles, pour déplorer avec vous la perte immense que viennent de faire notre pays, notre diocèse, l'Eglise, en la personne de vénérable et discret Messire Joseph-Marie Huard, ancien supérieur du Petit-Séminaire de Plouguernével, vicaire-général de Mgr l'Evêque de Saint-Brieuc et Tréguier.

Pour comprendre cette perte, il suffit de jeter un coup d'œil sur cette belle vie qui s'est éteinte avant 40 ans.

M. Huard naquit dans la paroisse de Saint-Gelven, à l'ombre de cette antique abbaye de Bon-Repos qui abrita une colonie de moines voués à la prière et au défrichement de nos vallées et de nos coteaux. — Dieu lui donna pour mère une de ces femmes fortes dont parle l'Ecriture, femme pieuse, héroïque, qui fit passer dans son âme toute l'énergie de la sienne et le façonna de bonne heure aux habitudes chrétiennes. Mieux que personne, le jeune Huard sut apprécier ce trésor. Son affection pour sa mère se changea, avec les années, en une pieuse vénération, une sorte de culte. Jamais il n'en parlait qu'avec un profond attendrissement. Oh ! nous pouvons l'affirmer, c'est aux impressions qu'il reçut au foyer paternel, entre les bras de sa mère, qu'il dut les vertus de son enfance, de sa jeunesse, de l'âge mûr. La plante conserve toujours le caractère qu'elle a reçu des premières influences qui ont agi sur elle, et dans l'enfant se trouve déjà l'homme tout entier, tel qu'il se révèlera un jour.

Dès ses jeunes années, ses bons parents l'envoyèrent au Petit-Séminaire de Plouguernével pour y commencer et y finir ses études. On ne tarda pas à remarquer dans le nouvel élève une sagacité rare, une admirable facilité de conception, une imagination brillante. Toutes ces heureuses dispositions jointes aux aménités de son caractère lui concilièrent de bonne heure et pour toujours l'estime et l'affection de ceux qui s'honoreront toute leur vie d'avoir été un instant ses maîtres. Sa docilité et son ardeur à répondre aux soins qu'on lui donnait, hâtèrent ses progrès, assurèrent ses succès et l'acheminèrent naturellement à la glorieuse carrière qu'il a fournie. Ses humanités furent dignement couronnées par le prix d'honneur que ses maîtres lui décernèrent, à l'unanimité des suffrages, à la fin de sa rhétorique, et qu'il reçut solennellement des mains de Mgr Le Mée, le jour de la distribution des prix. — Vit-on jamais couronne d'honneur mieux justifiée et plus dignement portée ?

Déjà cette même année, l'un de ces prêtres éminents auxquels Mgr Le Mée avait donné mission de visiter les Petits-Séminaires, dans le but d'y stimuler et d'y favoriser le progrès des études, avait remarqué le jeune Huard et trouvé en lui le cachet de l'élève transcendant. De là cette estime et cette affection qu'il lui voua et qui ne se sont jamais démenties. A peine M. Huard avait-il passé une année au Grand-Séminaire, que M. l'abbé Ménard, supérieur de Saint-Charles, l'appelait auprès de lui. Quatre ans plus tard, nous trouvons M. Ménard à la tête du Grand-Séminaire, et M. Huard à ses côtés. Le jeune abbé avait à peine fini le cours ordinaire, qu'il est jugé capable d'enseigner et d'expliquer aux autres ce qu'il avait si vite et si bien appris lui-même. Il n'avait pas encore l'âge de recevoir l'imposition des mains, et déjà il est chargé de diriger les jeunes lévites du sanctuaire et de les initier aux hautes études qui doivent les préparer à porter le fardeau redoutable du sacerdoce. C'est qu'on sentait dans son esprit sérieux et réfléchi une maturité au-dessus de son âge. A cette intelligence élevée une chaire convenait : on lui donna celle de philosophie, et il l'occupa avec honneur. Il mit au service de l'enseignement le double don d'une puissante intelligence et d'un langage élevé, clair, lucide, souple, se pliant à tous les genres et prenant tous les tons. Ses anciens élèves n'ont pas oublié ce qu'il montra d'intelligence dans ses leçons et de distinction dans les développements des vérités les plus arides qu'il savait présenter sous une forme si attrayante.

Bientôt, comme si le ciel eût voulu que tout concourût à compléter cette belle vie et cette belle âme sacerdotale, nous le voyons déployer sur un autre théâtre de nouvelles facultés, en exerçant les fonctions du ministère comme vicaire de la Cathédrale. — Prêtre zélé pour le salut des âmes, guide éclairé des consciences, orateur éloquent captivant les cœurs par le charme de sa parole : tel parut, aux yeux de tous, M. Huard, vicaire de St-Etienne. Aussi bien, la nature et la grâce avaient travaillé de concert à lui assurer une confiance que justifiait son mérite. Simple avec dignité, grave sans raideur, il avait cette bienveillance qui attire, qui bannit la crainte sans compromettre le respect. En lui se mêlait, dans une heureuse alliance, la dignité du prêtre et l'aménité de l'homme du monde. Une réunion de qualités si précieuses pour le salut des âmes l'indiquait à l'estime et à la vénération de tous. Aussi s'empressait-on de recourir aux lumières du jeune prêtre dont on pouvait dire avec saint Grégoire de Nazianze : *Canus erat etiam ante canitiem;* il avait l'expérience d'un âge qui n'était pas le sien. On se pressait au pied de la chaire chrétienne d'où tombait cette parole toute piquante d'originalité, remarquable de pureté et de fraîcheur, pleine d'une élégante facilité, d'une grâce séduisante et toujours imprégnée d'un parfum d'atticisme. Tant de mérites et de talents ne pouvaient échapper à l'œil clairvoyant de Mgr David, qui reconnut bientôt en M. Huard l'un de ces hommes qui se mettent sans effort au niveau de toutes les positions et qu'on peut placer en toute confiance à tout poste que la Providence peut faire vaquer.

Cependant la mort venait s'abattre sur le Petit-Séminaire de Plouguernével et lui enlever son chef, ce prêtre vénérable dont la mémoire nous sera toujours chère, M. Pasco, qui, pendant 21 ans, a dirigé cette maison avec un zèle, un dévouement et un mérite que l'œil de Dieu a vus, que sa main a récompensés et qui n'ont jamais été mieux appréciés et mieux rappelés que par celui que le ciel lui destinait pour successeur immédiat. Monseigneur jugea que M. l'abbé Huard, qui avait laissé de si précieux souvenirs dans l'enseignement, dont les échos du Petit-Séminaire de Plouguernével redisaient encore les brillants triomphes, et que des rapports constamment entretenus avaient fait, dans diverses circonstances, apprécier de plus en plus par les maîtres et les élèves, était l'homme de la Providence pour remplacer M. Pasco, et il lui confia la direction de ce précieux Etablissement. L'habile administration du nouveau Supérieur réalisa toutes les espérances et toutes les prévisions de l'autorité. A voir M. Huard à l'œuvre, on eût dit qu'il avait trouvé là sa véritable voie. On se rappelle ce qu'il déploya d'activité et d'intelligence pour stimuler l'ardeur des élèves, faire un nouvel appel au dévouement des maîtres, inspirer de plus en plus le goût de la littérature et des sciences, hausser le niveau des études, en élargir le cercle, maintenir la discipline et la régularité, conserver et fortifier le bon esprit traditionnel de notre maison, en un mot, y faire fleurir la science et la piété. En même temps sa sollicitude s'occupait de toutes les améliorations matérielles désirables et possibles, et de la réparation des ruines que le temps avait faites, comme il le disait, malgré la volonté des hommes. Moins de deux mois après son installation, à la distribution des prix, après avoir, dans un discours qui fut vivement applaudi, tracé de main de maître l'histoire intéressante de notre Petit-Séminaire, il annonçait, en terminant, son intention formelle d'élargir ces murs entre lesquels nos jeunes gens étouffaient. C'était un projet hardi, mais il était conçu sous l'inspiration de notre bon et généreux Evêque, qui a mérité pour toujours notre vive et profonde reconnaissance, en prenant sous son haut patronage cette œuvre de reconstruction de Plouguernével, la plus belle, peut-être, de toutes celles que Dieu lui a donné d'accomplir pour sa gloire et le bien de ce vaste diocèse. Comme premier pas dans cette voie où il entrait si bien appuyé, M. Huard adressa aux amis de Plouguernével et des bonnes œuvres, cet appel si vif, si touchant et si pressant où l'on retrouve son esprit et son cœur. Appelé l'instant d'après au périlleux honneur de recueillir sa succession, je fus heureux de constater combien sa voix avait trouvé d'écho, et l'œuvre qu'il recommandait, de généreuses sympathies.

Le séjour de M. Huard au Petit-Séminaire de Plouguernével fut de courte durée, trop courte au gré des maîtres et des élèves ; il ne fut pas de deux ans, mais il y a laissé une trace profonde que le temps n'a pas effacée. Ce ne fut pas sans éprouver de vifs regrets qu'il s'arracha brusquement à cet établissement qui avait toutes ses affections, à ces maîtres qui avaient sa confiance et dont il emportait les regrets, à ces élèves auxquels son cœur avait voué un si tendre intérêt ; car les jeunes gens parurent toujours être l'objet de ses prédilections, et il exerçait sur eux comme une influence magnétique. — Il suivait la voie que la Providence traçait devant lui.

M. l'abbé Huard était la perle de notre jeune clergé. L'opinion publique l'avait placé au premier rang parmi nos prêtres. Aussi, quand Mgr l'Evêque lui fit l'insigne honneur de l'appeler auprès de lui pour partager le poids de son administration, ce choix fut-il applaudi de tous ceux qui connaissaient le nouveau vicaire-général. La voie des dignités ecclésiastiques s'ouvrait ainsi promptement devant le jeune prêtre que son mérite désignait au choix de ses supérieurs. Mais, comme à toutes les époques de sa vie, les honneurs venaient au-devant de lui sans qu'il les recherchât. On savait que, n'ayant jamais rien fait dans le but de les obtenir, il ne négligerait jamais rien non plus pour s'en montrer toujours digne. C'est pourquoi tous se félicitaient également, les uns de le voir à leur tête, les autres de le compter parmi leurs membres. Du reste, il y avait dans cette nature si bien équilibrée un ensemble de qualités qui la rendaient éminemment propre à l'administration et au maniement des affaires. Doué d'un sens ferme et droit, d'une maturité de raison qui, chez lui, s'était développée avant l'âge, il joignait à un tact sûr cette justesse de coup d'œil, ce discernement qui saisit le point précis et délicat dans les affaires, cette souplesse d'esprit qui permet de tourner l'obstacle qu'on ne peut renverser, cette fermeté et cette énergie qui luttent corps à corps contre les difficultés qu'on ne peut éviter, ce calme, ce sang-froid de l'homme public qui le laisse toujours maître de lui-même, de ses paroles comme de ses actes. Les affaires les plus délicates ne le trouvaient point au-dessous de sa tâche, et il mettait à les traiter cette droiture de caractère et cette rectitude de jugement qui lui faisaient chercher en toutes choses la ligne du devoir. Point de matière qui lui fût étrangère et qu'il ne discutât savamment et judicieusement. On s'étonnait qu'en si peu de temps il eût pu donner tant d'essor aux facultés dont le ciel l'avait enrichi. C'est que son âme, fortement trempée, ressemblait à ces arbres vigoureux qu'on voit étendre leurs branches avec une merveilleuse rapidité et se couvrir presque en même temps de fleurs et de fruits. La confiance en ses lumières et en sa bonté était si grande qu'elle lui attirait des consultations de toutes parts. Sa porte, comme son cœur, était ouverte à quiconque venait demander un avis ou exposer un besoin; et l'on s'est souvent demandé comment avec une santé si délicate, il pouvait suffire à un si grand travail. Il avait d'ailleurs cette rare aptitude de se mouvoir avec une égale aisance au milieu des occupations les plus diverses, sans que la durée pût lasser sa patience ni l'interruption troubler son calme, sans qu'on pût découvrir sur cette figure toujours sereine aucune trace de dépit, de lassitude ou d'ennui.

Au milieu des sollicitudes incessantes de sa position, fidèle à une mission honorable et importante, il suivait avec l'intérêt d'une sainte tendresse l'enseignement de nos maisons d'éducation. Il en préparait, en les encourageant, les succès, et c'était pour lui comme un délassement de surveiller et de favoriser tous les genres de progrès. Sa pensée se portait souvent vers le Petit-Séminaire de Plouguernével. Qu'on nous permette ce retour vers un passé dont le souvenir nous sera toujours cher et doux. Cette maison, berceau de son éducation, il l'aimait comme on aime une mère. Il se plaisait à la revoir, à venir s'y délasser du poids des affaires. Il avait passé, disait-il, de si heureuses années dans cette modeste enceinte, il en avait emporté de si doux souvenirs, il y avait laissé des amis fidèles qui le revoyaient avec tant de bonheur !.... Cher et vénéré ami, nous vous attendions encore à cette époque ; hélas! ne deviez-vous donc nous venir que pour être l'objet de ces tristes cérémonies où nous ne trouvons plus que la moitié de vous-même et dont votre âme est absente !

Je n'ai fait qu'esquisser à grands traits la vie de M. Huard. Que serait-ce si j'entrais dans le sanctuaire de son âme pour dévoiler tout ce qu'elle renfermait d'élevé, de sympathique et de bon? Aux plus pures lumières de l'esprit il joignait la plus exquise délicatesse de sentiment. Qui, dans une si haute position, sut mieux retenir la simplicité qui efface la puissance, et dans le supérieur ne laisse voir que l'ami ou le père? Qui garda parmi les affaires et dans l'usage de l'autorité un cœur plus sensible? M. l'abbé Huard n'était pas, en effet, de ces hommes que les occupations extérieures absorbent tout entier et dont le cœur se dessèche au contact des affaires. Toujours il a réservé dans son âme une place aux affections si douces de la famille. Oh ! c'est dans ces moments de trève que lui laissaient les occupations multiples de sa vie publique, dans ces moments où il pouvait se rendre à lui-même et aux siens après s'être donné au prochain, que se révélait cette bonté qui procédait d'un cœur où brûlait un grand foyer d'amour. C'est alors que son cœur s'épanchait et se laissait aller à cette sensibilité si suave et si délicate qui faisait les délices de ses parents et de ses amis. Là, sa conversation, toujours élégante et élevée, douce et affable, acquérait encore de nouveaux charmes, et de ses lèvres s'échappaient en foule les réflexions les plus fines, les soudainetés les plus piquantes, les à-propos les plus délicieux. Sa bonté d'âme lui faisait éviter avec un soin extrême tout ce qui est de nature à aigrir ou à blesser. Le trait distinctif de son caractère, en effet, c'était la bonté; la bonté, le premier des mérites naturels, qui supplée tous les autres, dit un auteur, et n'est suppléé par aucun. La bonté, dit saint Ambroise, est populaire et aimée de tous. M. Huard en a fait la douce expérience; c'est elle qui, pendant sa vie, lui a valu dans tous les rangs des amitiés fidèles; c'est elle qui lui vaut encore cette unanimité de regrets qui le suivent et l'honorent dans sa tombe.

Il est des vies si belles, si utiles, si saintes qu'on ne voudrait jamais les voir finir. Hélas! les travaux absorbants de l'administration altérèrent la santé frêle et délicate de M. l'abbé Huard. Bientôt se déclara un mal qui ne pardonna jamais, qui, malgré les secours les plus habiles et les soins les plus dévoués, continua ses progrès et fit craindre un dénouement fatal. Pour lui, sa grande âme ne se troubla pas à l'approche du moment suprême. Habitué à compter sur Dieu avant tout, il se jeta tout entier dans les bras, dans le cœur de cet ami par excellence. Quel merveilleux dégagement ne vit-on pas alors s'opérer dans son âme? Bien des charmes pouvaient l'attacher à la vie, pour lui si pleine d'espérances. Il ne lui a fallu qu'un regard sur J.-C. en croix pour accepter le sacrifice et pour le consommer. Au premier signe de la volonté de Dieu, son âme s'est trouvée prête, et elle n'a plus eu de retour vers la terre et pour la vie, ne voulant pas, disait-il, que rien d'humain s'interposât entre son Dieu et lui. Ainsi a-t-il souffert les douleurs de la maladie, ainsi a-t-il rendu son âme à son Créateur, toujours calme, résigné, abandonné entre ses mains divines. Famille désolée, oh! que ce souvenir d'une vie si belle, d'une mort si sainte est puissant pour consoler en vous la nature par la grâce, et les afflictions du cœur par les espérances de la foi! La mort, quand on l'envisage du côté de la terre, est horrible; quand on la regarde du côté du ciel, elle change d'aspect. En deçà de la tombe, c'est la dissolution, ce sont les adieux déchirants, les séparations cruelles. Au-delà de la tombe, c'est la résurrection, la lumière, le rendez-vous; car notre espérance est pleine d'immortalité. — Donc, que toutes les douleurs se calment, que les larmes s'adoucissent au souvenir de ce qu'a été, de ce qu'a fait le saint prêtre que nous pleurons. Il nous a devancés pour aller nous attendre là où il n'y a plus de séparation. Ce qui nous l'enlève aujourd'hui, ce n'est que l'absence de quelques heures; bientôt nous le trouverons transfiguré par la gloire, et cette fois pour ne nous quitter jamais.

La carrière de M. l'abbé Huard a été courte, mais elle a été belle. Ayant vécu peu, il a rempli la course d'une longue vie, et il a reçu la récompense d'une vertu consommée, car son âme était agréable à Dieu, elle était mûre pour le ciel. Nous regrettons, nous regretterons toujours ce qu'il eût pu faire, ce qu'il eût fait certainement, si Dieu lui eût accordé plus de jours sur la terre; mais c'est notre consolation dans nos regrets de penser que cette vie trop courte pour nos affections et nos besoins, a eu sa plénitude, et que les heures seules lui ont manqué, non les dispositions ni la volonté.

Oui, il a dignement rempli sa tâche ; et maintenant il vient demander une tombe à cette terre où dorment ses aïeux, où l'attendent des parents chéris, sous l'égide de Notre-Dame de Rostrenen, à l'ombre de cette église qui reçut si souvent les confidences de sa prière et les épanchements de son cœur. Là, que sa mémoire soit en bénédiction, dirai-je avec les Livres saints, et que ses ossements, visités par la prière et réchauffés par la charité, germent et fleurissent dans le lieu où ils vont reposer : *Ossa.... pullulent de loco suo.* Oui, cher et vénéré ami, votre souvenir vivra toujours dans nos cœurs ; vous y vivrez avec votre bonté, vos bienfaits, vos vertus, hier vos mérites sur la terre, aujourd'hui votre récompense dans le ciel. Vous vivrez dans le cœur d'une famille que la foi seule peut consoler d'une séparation si soudaine et si cruelle, et pour laquelle rien ne remplira désormais le vide que vous laissez au foyer domestique. Vous vivrez dans le cœur de notre Evêque bien-aimé qui, vous honorant de toute son estime et de toute sa confiance, vous associa pendant six ans aux sollicitudes les plus intimes de sa charge pastorale, et qui aujourd'hui, de la Ville-Eternelle où le retient son amour pour l'Eglise, mêle ses larmes et ses prières à nos larmes et à nos prières. C'est qu'il avait découvert dans votre âme ce trésor que son noble cœur est si bien fait pour apprécier : le trésor d'une affection filiale aussi profonde que dévouée et respectueuse. Vous vivrez dans le cœur de votre collègue, votre frère par l'esprit et par le cœur comme par la dignité, dans les souvenirs de vos dignes collaborateurs, de vos amis qui ont connu les trésors de votre cœur et goûté ce qu'il y avait de charme et de douceur dans votre commerce journalier. Vous vivrez dans les souvenirs de cette bonne ville de Saint-Brieuc, qui nous enviera le précieux dépôt de votre dépouille mortelle, mais dont la reconnaissance gardera pieusement votre mémoire. Vous vivrez dans les souvenirs du diocèse qui a su apprécier vos mérites, vos talents et vos services, et qui conservera le parfum de vos vertus. Vous vivrez dans les souvenirs de cette Cornouaille dont vous fûtes la gloire, gloire, hélas ! de trop courte durée. Vous vivrez à jamais dans les souvenirs de cette ville de Rostrenen qui reçoit aujourd'hui avec un saint respect tout ce qui reste sur la terre du prêtre si distingué qu'elle était heureuse et fière de compter parmi ses enfants. Vous vivrez enfin dans les souvenirs les plus intimes et les plus chers du Petit-Séminaire de Plouguernével, dont la restauration et la transformation se rattachant à votre courte mais féconde administration, rappelleront toujours votre nom. Vous y vivrez avec vos traits si gracieux et si distingués. Achevez par vos prières cette œuvre que vous avez commencée, à laquelle votre cœur n'a jamais cessé d'appartenir, à laquelle, naguère encore, votre main défaillante donnait une de ses dernières bénédictions sur cette terre. Hélas ! nous aimions à penser que Dieu vous conserverait longtemps encore à notre affection en nous laissant jouir de vos conseils si sages et si bienveillants. La Providence en a décidé autrement, elle a voulu hâter pour vous l'heure de la récompense. Mais, nous en avons le ferme espoir, elle ne nous a enlevé sur la terre un ami et un protecteur que pour nous le rendre plus puissant dans le ciel, où tous les sentiments s'épurent et se perfectionnent en même temps qu'augmente le crédit auprès de Dieu. Maintenant que vous êtes au centre de la véritable grandeur unie à la souveraine sagesse, au sein du Dieu des sciences, faites descendre sur cette tribu de pieux enfants qui croissent à l'ombre de nos murs pour la consolation de leurs familles et l'espérance de l'Eglise, un rayon de cette lumière qui resplendissait dans votre âme. — Et cependant, bien que nous soyons persuadés que vous jouissez de la félicité suprême dans les célestes parvis, nous offrirons au Seigneur pour vous nos prières, nos saints sacrifices, afin que, s'il vous reste quelques traces de ces fautes inséparables de la fragilité humaine, elles soient promptement effacées. Nous demanderons instamment au Père des miséricordes, au Dieu de toute consolation, pour vous, au plus tôt, la couronne de gloire, et pour ceux qui sont condamnés à vous survivre, courage, force, résignation, afin que cette union des cœurs commencée ici-bas et que la mort elle-même ne peut rompre, se consomme un jour dans l'unité divine.

Ainsi soit-il.

St-Brieuc. — Imp. F. Hillion. 1870.

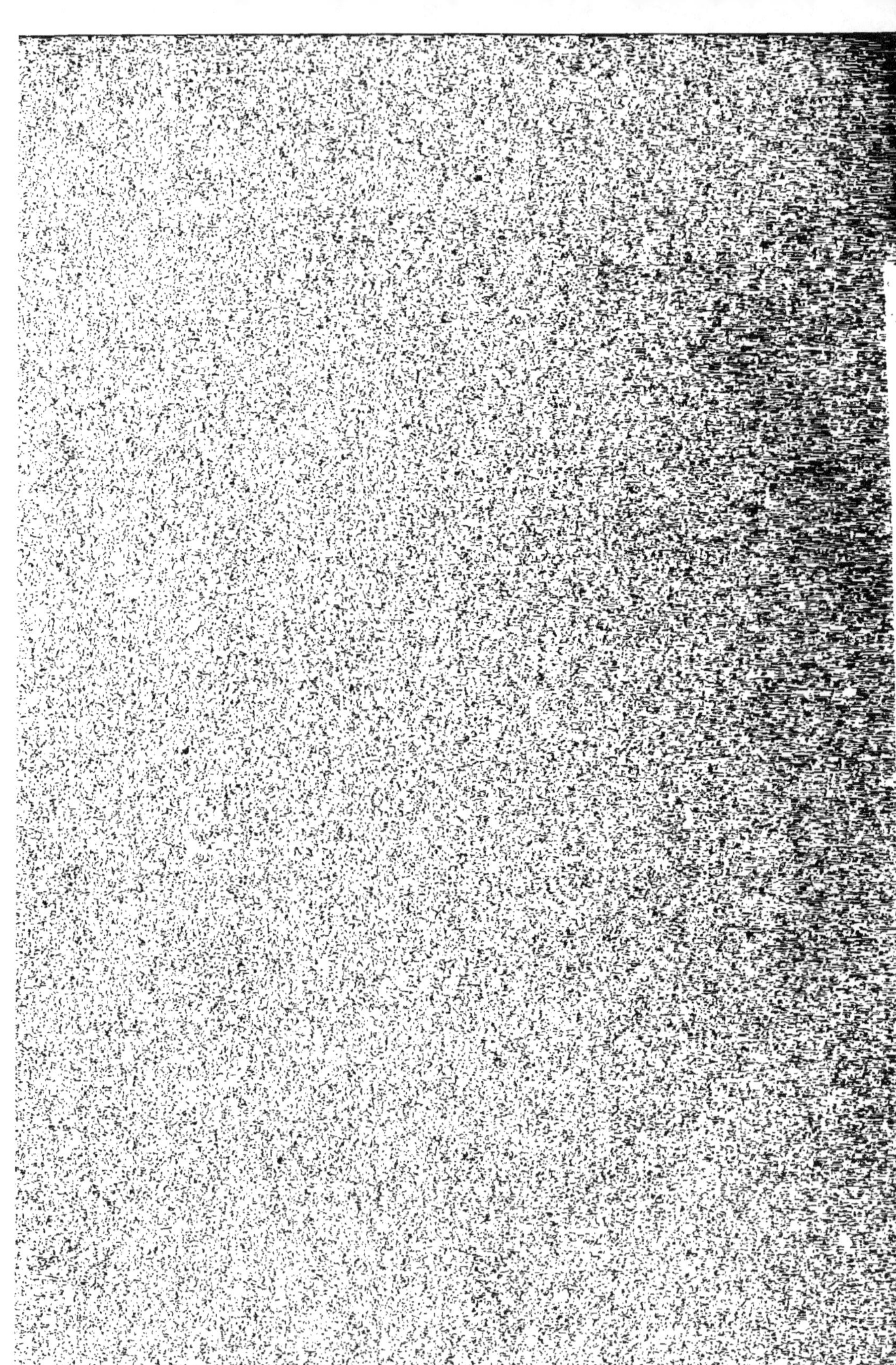

www.ingramcontent.com/pod-product-compliance
Lightning Source LLC
LaVergne TN
LVHW010311230826
846091LV00007B/3099

* 9 7 8 2 0 1 1 7 9 3 5 9 1 *